04105

Basile et les Maths

Où est Basile ?

Karen Bryant-Mole

L'élan vert

Basile et les Maths

Classer ● Les suites ● Où est Basile ?
Les formes ● Compter ● Les tailles

© Evans Brothers Limited, London, 1999
Titre original : *Where is Marmaduke ?*
Photographie de Zul Mukhida.
Maquette de Jean Wheeler.
Ours en peluche de Merrythought.

© L'Élan vert, Paris, 1999,
pour l'édition en langue française.
Adaptation d'Amélie Léveillé.
Dépôt légal : septembre 1999
Bibliothèque nationale.
I.S.B.N. 2-84455-062-2

Imprimé à Hong Kong.

À propos du livre

L'ourson Basile aborde les premiers concepts mathématiques et guide l'apprentissage de l'enfant avec humour et tendresse.

Ce livre présente à l'enfant la notion de repérage dans l'espace. Chaque double page introduit deux mots opposés du vocabulaire spatial. L'enfant repère et décrit les positions relatives de Basile par rapport aux autres objets de la page. Le livre conclut sur l'idée que les positions relatives des objets peuvent être décrites de plusieurs façons.

Utilisez ce livre comme un point de départ pour des activités sur les positions. Profitez de toutes les occasions pour utiliser les notions de spatialisation et de repérage dans le plan et dans l'espace. Utilisez à bon escient tout le vocabulaire spatial.

sommaire

derrière

Où est Basile ?

Il est caché derrière
le vase de fleurs.
Vois-tu son œil
qui t'observe ?

devant

Bonjour Basile !

Basile est assis devant le vase de fleurs.

Maintenant, tu me vois tout entier.

en haut

Basile est monté en haut
du toboggan.

J'ai un peu
peur là-haut !

en bas

Basile glisse sur le toboggan
jusqu'en bas.

Je me sens
beaucoup mieux
en bas !

sur

Basile est en équilibre
sur un ballon.

Regarde-moi !

à côté

Oh non !
Basile est tombé à côté du ballon.

Aïe !

dans

Basile est assis
dans un seau.
C'est amusant
de s'asseoir ici !

hors

Basile a mis une patte hors du seau.

Ce seau n'est pas très confortable !

par-dessus

C'est un peu difficile !

Basile aime le sport.
Il saute par-dessus la corde.

par-dessous

Basile a une autre idée.
Maintenant, il passe par-dessous.

C'est
plus facile !

dedans

Vois-tu Basile ?

Regarde la boîte, il est caché dedans.

Tu ne vois que ses yeux et son museau.

dehors

Maintenant, Basile est en dehors de la boîte.

Dedans, c'est
la nuit, mais dehors
c'est le jour.

au-dessus

Basile est
au-dessus
de la voiture.

Si je regarde
en bas, je vois
la voiture.

au-dessous

Basile est
au-dessous
d'un ballon.

Je regarde
en haut pour voir
le ballon.

à côté

Basile est debout à côté du panier de briques de construction.

Les briques sont près de moi.

SOUS

Basile a construit
un pont avec des briques.

Je passe
sous le pont.

entre

Basile est assis entre deux voitures.

J'ai une voiture de chaque côté.

au milieu

Basile joue avec toutes ses voitures.
Il est assis au milieu des voitures.

Il y a
des voitures
tout autour
de moi.

Où est Basile ?

Basile peut utiliser différents mots pour montrer où il est assis.

Je suis assis sur un seau, entre deux arrosoirs.